Josef W. Seifert
Heinz-Peter Göbel

Games

Spiele für Moderatoren
und Gruppenleiter

kurz · knackig · frech

GABAL

Josef W. Seifert
Heinz-Peter Göbel

Games

Spiele für Moderatoren
und Gruppenleiter

kurz · knackig · frech

GABAL

Die Deutsche Bibliothek - CIP-Einheitsaufnahme

Seifert, Josef W.:
Games - Spiele für Moderatoren und Gruppenleiter:
kurz · knackig · frech / Josef W. Seifert ; Heinz-Peter Göbel.
Offenbach: GABAL, 2001
Sonderausgabe für Jokers der unter der ISBN 3-89749-484-1
erschienenen Ausgabe

Lektorat: Ute Flockenhaus, Fischerhude (b. Bremen)
Cover: image team, Bremen
Coverillustrationen: Leuchtmann, Udo, Bremen
Illustrationen: Peter Kaste, Erlangen
Satz und Layout: Josef W. Seifert, Pörnbach-Puch/ADVERMA, Rohrbach
Druck: Salzland Druck Staßfurt

www.gabal-verlag.de
info@gabal-verlag.de

Inhalt

Zum Buch

Wir setzen in unseren Moderationen und Trainings gezielt Übungen und Aktivierungsspiele ein und führen zu diesem Thema auch Trainings durch.

Für uns war es ein weiter Weg bis dorthin, da wir zunächst keine aus unserer Sicht brauchbaren Spiele kannten und – wenn wir mal bei einem Kollegen eines mitbekamen – Angst hatten, es einzusetzen. Wir fürchteten, bei den Teilnehmern damit „nicht landen" zu können und auf Ablehnung zu stoßen. Andererseits waren wir immer der Meinung, dass Aktiverungsspiele und Übungen durch ihren direkten Zugang zum Einzelnen ein wichtiges Element professionellen Moderierens und Trainierens sind.

Um uns langsam an das Thema heranzutasten, haben wir gezielt nach „Games" gesucht, die möglichst den Kriterien kurz, knackig, frech entsprachen und haben diese „nicht immer, aber immer öfter" eingesetzt. Daraus entstand eine kleine, persönliche Sammlung von Spielen, Übungen und Erfahrungen im Umgang mit „Games" in Moderations- und Trainingsgruppen.

In unseren Trainings zu diesem Thema – aber auch in anderen Gruppen – wurde uns immer wieder die Frage gestellt, ob es die von uns eingesetzten Spiele und Übungen nicht in schriftlicher Form gäbe. Wir haben sie deshalb zusammengefasst und in diesem Buch skizziert.

Es handelt sich dabei um „10-Minuten-Übungen", die von jeder Gruppe unabhängig vom jeweiligen Thema, mit dem sie sich beschäftigt, durchgeführt werden können. Die Teilnehmer einer moderierten Gesprächsrunde (Workshop, Projektsitzung, Team-Meeting ...) oder eines Fach- oder Verhaltenstrainings sollen schneller

„miteinander warm werden“ und „sich näher kommen", zwischendurch „wieder etwas locker/er werden“, „Energie tanken“ ...

Wer das einzelne „Game“ jeweils erfunden hat, ist leider nicht nachvollziehbar. Wir verzichten deshalb auf Quellenverweise, geben aber, auf den Seiten 88 und 89, einige Tips für weiterführende Literatur. Nun aber ...

... viel Spaß bei der Lektüre und noch mehr Spaß bei der Umsetzung in die eigene Moderations- oder/und Trainingspraxis!

Puch, im Mai 2001
Josef W. Seifert / Heinz-Peter Göbel

Wow! Ein TopTrainer!

Übrigens: Wenn im Folgenden vom Moderator, vom Pädagogen oder Trainer die Rede ist, ist damit immer auch die Kollegin gemeint. Da es leichter ist, einen Text in einem grammatischen Geschlecht zu schreiben (und zu lesen), beschränken wir uns (diesmal noch?) auf die männliche Form.

Games
... und wie man sie (be)nutzt

Moderation und jede andere Art (der Anleitung) von Kommunikation findet grundsätzlich zeitgleich auf zwei Ebenen statt. Einerseits geht es inhaltlich um „irgendeine“ Sache und andererseits entstehen in der Kommunikationssituation (zum Teil durch diese bedingt) Gefühle, welche ihrerseits auf die Bearbeitung der Sache Einfluss nehmen. Ein Moderator/Gruppenleiter hat es daher stets mit zwei Prozessen gleichzeitig zu tun: dem Sachprozess[1] und dem Gruppenprozess[2]! Der professionell arbeitende Leiter wird diesem Tatbestand dadurch Rechnung tragen, dass er auf beide Prozesse/Ebenen gleichermaßen achtet und beide Prozesse bewusst steuert. Spiele und Übungen – hier der Einfachheit halber pauschal Games genannt – sind äußerst hilfreiche Instrumente zur Steuerung des Gruppenprozesses und gehören unbedingt in den „Werkzeugkasten“ jedes Profis.

Games enthalten Elemente wie „sich bewegen“, für kurze Zeit „eine andere Haltung einnehmen“, „einander berühren“, „etwas ganz anderes denken“ oder für einige Augenblicke „wieder Kind sein“ ... Sie verändern dadurch unmittelbar die Stimmung der Menschen und damit die jeweilige Situation auf der „klimatischen“ Ebene. Sie wirken somit indirekt fördernd auf die Arbeit(sfähigkeit) der Gruppe.

Um diesen positiven Effekt zu erzielen, muss das „Spielen“ natürlich genauso professionell angeleitet werden

---

1 Ein ausführliche Darstellung von Techniken zu Steuerung des Sachprozesses finden Sie in: Josef W. Seifert, Visualisieren – Präsentieren – Moderieren, GABAL Verlag, 16. Auflage, Offenbach 2001

2 Eine ausführliche Darstellung dieser Thematik finden Sie in: Josef W. Seifert, Moderation & Kommunikation, GABAL Verlag, 3. Auflage Offenbach 2000

wie der „normale“ Kommunikationsprozess der Gruppe. Hierzu bedarf es eines „Spezial-Know-hows“, das sich in die zwei Hauptpunkte „Passung“ und „Anleitung“ gliedern lässt.

Passung

Für den Einsatz eines Games muss man unbedingt die „Passung“ beachten. Das bedeutet, dass man darauf achten muss, ...

- in welcher Phase ihrer Entwicklung sich die Gruppe gerade befindet,
- wie die aktuelle Situation ist, in die die gemeinsame Arbeit eingebettet ist und
- was die jeweilige Kultur (momentan) zulässt.

Im Folgenden sind diese Aspekte näher erläutert.

Phase

Jede Gruppe hat eine Geschichte. Sie durchläuft einen Gruppenprozess. Die Situation (in) der Gruppe ist am Beginn der Zusammenkunft eine andere als nach einigen Stunden gemeinsamer Arbeit, und diese unterscheidet sich wiederum von der Abschlusssituation. Womit auch schon die drei großen Phasen aufgezeigt wären, die es zu berücksichtigen gilt, wenn man ein Spiel nutzen will.
Abbildung 1 gibt einen Überblick über Kennzeichen der einzelnen Gruppenphasen und darüber, welche Zielsetzung sich jeweis für den Einsatz von Games daraus ergibt. Die in diesem Buch dargestellten Games sind nach diesen Gruppenphasen und den entsprechenden Zielsetzungen gegliedert.

Die Kennzeichen der Phase 1 sind häufig klar erkennbar

Gruppenphase	Einstieg 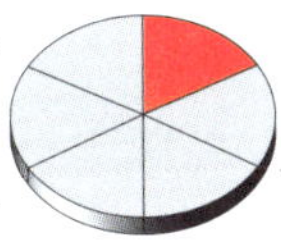	Arbeit 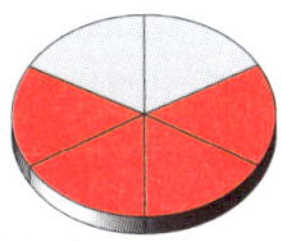	Abschluss 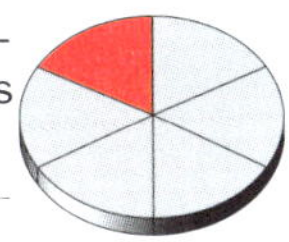
Kennzeichen	Orientierung brauchen - Wer sind die anderen? - Wie ist der einzelne? - Wie wird das hier (diesmal) ablaufen?	Konzentriertes Arbeiten - Konzentration - (Ver)Spannungen - Ermüdung	Abschlussstimmung - Haben wir alles geschafft? - Wie zufrieden bin ich mit Verlauf und Ergebnis? - Was gibt´s noch zu sagen?
Zielsetzung der Games	- Fremdheit ab- und Vertrautheit aufbauen - Inhaltliche und prozessuale Orientierung geben	- Auflockern - Müdigkeit abbauen - Konzentrationsfähigkeit steigern	- Reflexion ermöglichen - „Den Deckel zumachen"

Situation

Moderation und andere Gruppenaktivitäten finden nicht im luftleeren Raum statt. Zeitpunkt, Zeitrahmen, Ort und Zielsetzung sind Merkmale, die die Gruppensituation beeinflussen und für den Einsatz von Games von Wichtigkeit sind. Eine Übung, die ich als Teilnehmer einer Gruppe im abgelegenen Seminarhotel problemlos machen kann, fällt mir im Seminarraum des Betriebes schwer oder ist gar unmöglich, wenn man dazu auch noch vor die Tür muss ...

Der Moderator muss also stets bedenken, in welcher Situation sich der einzelne Teilnehmer (momentan) befindet und auf welches Game er sich in dieser Situation einlassen kann, ohne Gefahr zu laufen, „sein Gesicht zu verlieren“. Was man tun kann und was man besser lassen sollte, ist neben der aktuellen Situation immer auch eine Frage der jeweiligen Unternehmens- oder Abteilungskultur.

Niemand darf in einem Game sein Gesicht verlieren!

Kultur

Jedes Unternehmen, jede Organisation hat eine eigene Kultur, hat eigene, ganz spezifische Regeln, nach denen Verhalten abläuft. Jeder weiß, was man darf und was man besser lassen sollte ...
Bei geschlossenen Gruppen, also bei Teilnehmern aus nur einem Unternehmen, sollte der Moderator diese Regeln kennen und berücksichtigen.

Auch Berufsgruppen haben ihre spezifischen/typischen Eigenheiten: Eine Gruppe mit Börsenbrokern ist sicherlich anders als eine Gruppe von Produktionsmeistern, und diese wiederum unterscheidbar von einer Gruppe, die aus Bürgermeistern einer Fremdenverkehrsregion besteht ... Sie werden sich als Gruppe in ihrer Art der Kleidung, in ihren Gewohnheiten, miteinander zu sprechen, ... und in ihren „Möglichkeiten" sich auf Games einzulassen, unterscheiden.

Weil nun jede Gruppe „individuell" ist und bei der einen geht, was bei der anderen undenkbar ist, ist es besonders wichtig, sich, bevor man ein Game vorschlägt, zu überlegen, was die Teilnehmer aus ihrer Kultur/Gewohnheit heraus (im Moment schon) mittragen können.

... und was mache ich, wenn die nicht wollen?

Wird ein vorgeschlagenes Game von der Gruppe abgelehnt, so liegt dies vermutlich daran, dass einer der besprochenen Punkte (Phase, Situation, Kultur) nicht beachtet/richtig eingeschätzt wurde und die Anleitung des Games gar nicht oder anders hätte erfolgen müssen. Die richtige Anleitung hilft über (fast) alle Klippen hinweg. Deshalb mehr darüber auf den nächsten Seiten.

Anleitung

Jedes Game bedarf einer guten Anleitung, damit es (der Gruppe) auch gelingt und der gewünschte Effekt erzielt wird. Eine gute Anleitung umfasst die drei Aspekte:

- Einleitung / Hinführung
- Hauptteil / Durchführung
- Abschluss / Reflexion

Einleitung

Die Einleitung ist der „Aufhänger“. Er gibt die Begründung für den Einsatz des Spieles. Damit schafft er bei den Teilnehmern die Einsicht in die Sinnhaftigkeit des Geschehens, baut (eventuell beim einen oder anderen vorhandene) Ängste ab und erleichtert es so dem Einzelnen, sich darauf einzulassen. Dies schafft Legitimation und Akzeptanz.

Der einfachste Aufhänger ist die wahre Zielsetzung, die man mit dem jeweiligen Game verfolgt. Wichtig ist dabei:

- Keine Diskussion über Sinn und Unsinn von Spielen anzetteln/zulassen, sondern die Teilnehmer auffordern, sich einfach mal drauf einzulassen.

- Das Game nicht „hoch aufhängen“. Begriffe wie „kurz“, „kleines Spiel“ oder „mal eben“ halten die Hürde, sich einzulassen, niedrig und laden ein mitzumachen.

Hierzu einige Beispiele:

Einstiegsphase: „Da wir uns noch nicht kennen und noch nicht mit Namen ansprechen können, schlage ich vor, dass wir kurz ein kleines Kennenlernspiel machen. Bitte stellen Sie sich dazu gleich mal in einem Kreis auf und ...“

Arbeitsphase: „Wir sind sehr fleißig und sitzen jetzt schon seit ... auf unseren Stühlen. Ich denke, wir haben uns ein klein wenig Bewegung verdient (um Körper und Geist neu zu beleben). Ich schlage vor, daß wir uns jetzt mal kurz erheben und ...“

Abschlussphase: „Unsere (heutige) Arbeit neigt sich dem Ende zu, und ich schlage vor, dass wir, bevor wir gleich auseinander gehen, noch kurz ...“

Nach den einleitenden Worten sollte eine möglichst verständliche und dabei möglichst kurze Spielanleitung folgen. Die Teilnehmer müssen wissen, worum's geht (Ziel des Spieles), was der Einzelnen zu tun hat und was der Moderator/Trainer dabei tun wird. Das Ziel ist, möglichst umfassend Orientierung zu geben und mit dem Spiel starten zu können.

Durchführung

Für die Durchführung des jeweiligen Games muss man als „Spielleiter" genau wissen, worauf es ankommt. Dies ist für die in diesem Buch skizzierten Games jeweils dargestellt. Darüber hinaus gilt es, einige **Grundsätze für die Durchführung von Games** zu beachten:

- Grundsätzlich gilt: Man sollte nur Spiele anleiten, die man auch „drauf hat", dies gilt besonders für Games, bei denen Verletzungsgefahr besteht.
- Jedes Gruppenmitglied muss in das Spiel integriert sein. Niemand darf sich ausgeschlossen fühlen! Kann ein Teilnehmer aus gesundheitlichen Gründen nicht teilnehmen, ist es sinnvoll, ihn anderweitig einzubeziehen, beispielsweise dadurch, dass er eine Beobachtungsaufgabe bekommt.
- Während des Spieles ist der Leiter der „Schutzengel" jedes einzelnen Teilnehmers. Er hat die Aufgabe, darauf zu achten, dass sich niemand – psychisch oder auch physisch – verletzt.

Abschluss

Nach Beendigung der Aktionsphase muss man mit der Gruppe wieder „zum normalen Ablauf zurückfinden“. Der Übergang kann durch eine (kurze) Reflexionsphase gestaltet werden. Die kürzeste Form ist sicherlich ein kurzer Kommentar mit verbaler Überleitung des Moderators/Gruppenleiters. Ein Beispiel: „So, ich glaube, jetzt sind wieder alle fit und wir können mit unserem Thema ... weitermachen. Frau Lehmann, Sie sagten vorhin ...“

Eine **explizite Reflexionsphase** bietet sich vor allem dann an, wenn das Game – über den Kennenlern- oder Lockerungseffekt hinaus – eine inhaltliche Anbindung erlaubt, wie etwa nach einem Namenlernspiel in einem Training für Verkaufsberater das Thema: Wie wichtig ist es eigentlich, im Beratungsgespräch den Namen des Kunden zu verwenden?

Wissen Sie vielleicht,
wo der Ball geblieben ist?

Games für den Einstieg

1

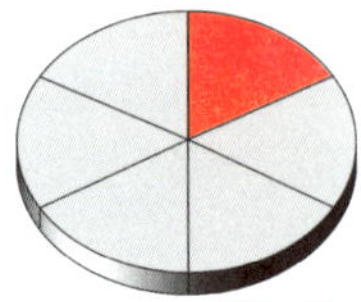

Einstieg

Ballrunde

Durchführung

... zum Namen lernen

- Die Gruppe stellt sich im Kreis auf.
- Reihum nennt nun jeder seinen Namen und eine „Eselsbrücke“ dazu, z. B.: Mein Name ist Uli Gerber – Gerber, wie „das Fell gerben“.
- Wenn jeder dran war, nimmt der Moderator/ Trainer einen (Tennis-)Ball zur Hand. Er wirft den Ball einem Teilnehmer in der Runde zu und nennt dabei laut dessen Namen.
- Der Gerufene fängt den Ball und wirft ihn nun seinerseits einem anderem Teilnehmer zu und nennt – für alle hörbar – dessen Namen.
  Weiß er den Namen nicht mehr, fragt er vor dem Wurf bei dem Betreffenden einfach nochmal danach.
- Ist jeder Teilnehmer (mehrmals) drangewesen, wechselt man die Plätze und macht nochmal eine Runde; gegebenenfalls auch eine dritte ...
- Wenn jeder den Eindruck hat, die Namen der anderen zu wissen, beendet der Leiter die Übung mit einem deutlichen „Dankeschön!“ in die Runde und „geht zur Tagesordnung über“.

... zum Kennenlernen

- Die Gruppe stellt sich im Kreis auf.
- Der Moderator/Trainer hält einen (Tennis-) Ball in der Hand. Er nennt seinen Namen und zwei Merkmale von sich, z. B.:
  > Mein Name ist Josef Seifert.
  > Ich bin Moderator und Moderationstrainer.
  > Mir ist wichtig, dass mir neben meiner Trainertätigkeit Zeit zum Schreiben bleibt.
- Der Gruppenleiter wirft den Ball dann einem Teilnehmer in der Runde zu. Nun nennt dieser seinen Namen und zwei Merkmale von sich ...
- Wenn alle Teilnehmer ihren Namen und ihre persönlichen Merkmale genannt haben,
  erhält wieder der Gruppenleiter den Ball.
  Dieser schließt dann die Runde ab.

Varianten

- Variante A: Jeder Teilnehmer darf reihum dem, der sich soeben vorgestellt hat und noch im Besitz des Balles ist, eine Frage stellen.

- Variante B: Jeder nennt seinen Namen, seinen Beruf und beschreibt sich indirekt, z. B. so:

  > Mein Name ist Uli Gerber.
  > Ich bin Direktor der Deutschen Bank.
  > Wenn man die Leute, mit denen ich die meiste Zeit verbringe, fragen würde, ...

  ... was typisch für mich ist, [oder:] ... worauf ich besonderen Wert lege, [oder:] ... was ich gut kann/ überhaupt nicht kann, ...

  ... würden diese vermutlich sagen, ...

- Variante C: Jeder nennt seinen Namen und seine Erwartungen bezüglich der gemeinsamen Veranstaltung, z. B.:

  > Mein Name ist Uli Gerber.
  > Ich bin Direktor der Deutschen Bank.
  > Ich erwarte mir für diese Zusammenkunft, dass wir hier ...

Benötigte Utensilien

Ein Ball, der gut in der Hand liegt und ohne Verletzungsgefahr geworfen und gefangen werden kann, z. B. ein Tennisball oder ein Jonglierball.

Übrigens ...

Die Fragen an die Teilnehmer sollten – zur Orientierung und Erleichterung der Übung - am Flip-Chart visualisiert werden. Dies kann in Form von Stichworten geschehen oder – bei komplizierteren Formen – auch in Form von „Lückentext“.

Wichtig: Wenn ein Teilnehmer, der an die Reihe kommt, noch keine Antworten parat hat, gibt er einfach an einen anderen weiter und kommt später nochmal dran.

Ziel / Nutzen

Die Ballrunde kann mit unterschiedlicher Zielsetzung eingesetzt werden. Das Mindeste, was man erreicht, ist, dass die Teilnehmer nachher mehr voneinander wissen als vorher und(!) dass sich das Klima in der Gruppe gelockert hat. Das heißt, es lässt sich damit ein zentraler Teil der Zielsetzung der Einstiegsphase (vgl. Seite 11) realisieren.

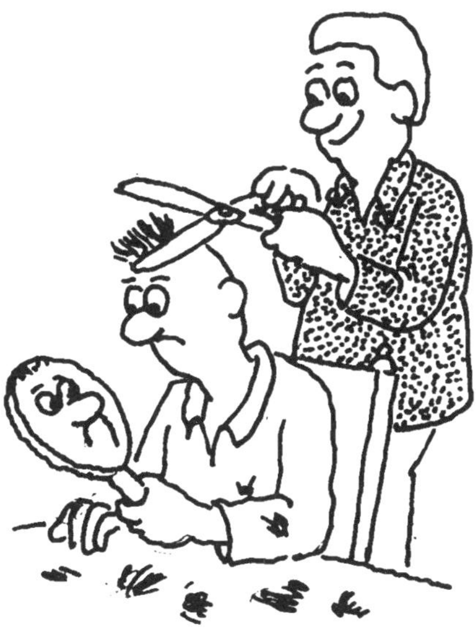

Das Friseurspiel sollte man nur geübten Gruppen anbieten!

2

Namen-Zirkel

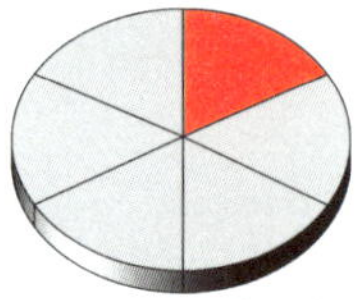

Einstieg

Durchführung

- Die Gruppe stellt sich im Kreis auf.

- Der Moderator öffnet den Kreis an einer beliebigen Stelle; es entsteht eine (im Kreis stehende) Schlange.

- Der erste, am Beginn der Schlange stehende Teilnehmer tritt in den Kreis, stellt sich „Aug' in Aug'" vor seinen Nebenmann und nennt seinen Namen.

- Der andere wiederholt den Namen.

- Derjenige, der seinen Namen breits genannt hat, geht im Kreis zum nächsten Teilnehmer weiter. Das zweite Glied der Schlange rückt in den Kreis nach.

- Der jeweils im Kreis Stehende nennt seinem (im Außenkreis stehenden) Partner seinen Namen, dieser wiederholt den Namen.

- Jetzt gehen die beiden im Kreis befindlichen Teilnehmer zum jeweils nächsten weiter.
  Der Nächste aus dem Außenkreis rückt in den Innenkreis nach ...

- Ist der erste Teilnehmer am Ende des Außenkreises angelangt, stellt er sich wieder in den Außenkreis und wartet auf den nächsten, der im Innenkreis auf ihn zukommt.

- Die Runde ist beendet, wenn alle Teilnehmer wieder im Außenkreis stehen.

Variante

Der Teilnehmer im Innenkreis nennt seinen Namen und baut eine „Eselsbrücke“ dazu: „Seifert, wie Seife“ oder „Josef, wie Josef und Maria“.

Ziel / Nutzen

Mit dem Namen-Zirkel lernen die Teilnehmer innerhalb kürzester Zeit, sich mit Namen anzusprechen. Diese Übung kann statt einer Ballrunde (Game 1) oder zusätzlich dazu durchgeführt werden. Sie ist sehr intensiv.

Graf Tassilo von Daglioglou-Witzinsky

3

Mein linker, linker Platz

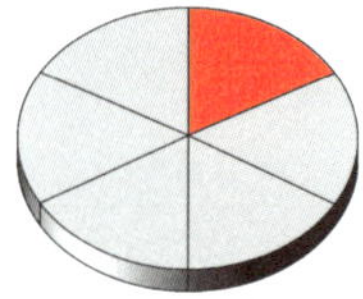

Durchführung

- Die Teilnehmer sitzen im Stuhlkreis.
- Neben dem Moderator/Leiter steht links ein zusätzlicher Stuhl; dieser ist leer.
- Der Moderator beginnt das Game mit den Worten: „Mein linker, linker Platz ist leer. Ich wünsch mir die ... Christine her!"
- Die/der Angesprochene setzt sich auf den leeren Stuhl. Durch diesen Wechsel wird ein anderer Stuhl frei. Der Teilnehmer, der rechts neben diesem Stuhl sitzt, hat nun einen leeren linken Platz. Er setzt die Übung fort: „Mein linker, linker Platz ist leer, ich wünsche mir den ... Norbert her!"
- Die Übung wird so lange fortgesetzt, bis jedem Teilnehmer die Namen aller Gruppenmitglieder geläufig sind.

Variante

Für besonders mutige Gruppen und/oder wenn sich einige schon recht gut kennen, kann das Spiel abgewandelt werden in: „Der Platz auf meinem Schoß ist leer ...!"

Benötigte Utensilien

Es werden keine besonderen Utensilien benötigt. Es muss lediglich ein Stuhl mehr vorhanden sein als Teilnehmer.

Ziel / Nutzen

Bei diesem Klassiker der Namenlern-Games geht es zunächst darum, alle Namen zu lernen und „so ganz nebenbei" auch darum, das Eis zu brechen. War man miteinander so „albern", dieses (fast) jedem bekannte Kinderspiel zu spielen, weiß man hinterher nicht nur die Namen der Anwesenden, sondern hat insgesamt eine lockerere Atmosphäre geschaffen.

Neben diesem Effekt ist die Übung auch gruppendynamisch interessant, weil sie den Teilnehmern freie Wahlmöglichkeiten einräumt, wen sie sich jeweils zu sich holen ...

Es ist gruppendynamisch besonders interessant, wenn kein Platz leer bleibt.

4

Kennenlern-Memory

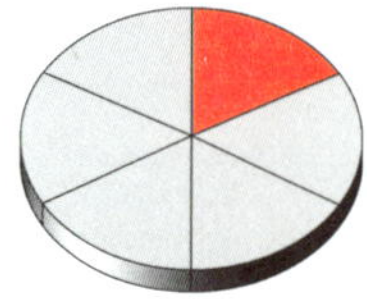

Einstieg

Durchführung

- Die Teilnehmer sitzen im offenen Stuhlkreis.
- Der Gruppenleiter verteilt an die Teilnehmer gleichfarbige Moderationskarten und bittet sie, ihren Namen darauf zu schreiben.
- Danach legt jeder Teilnehmer seine Karte möglichst weit von sich entfernt verdeckt auf den Boden „in die Mitte“ des Kreises.
- Anschließend gibt der Gruppenleiter jedem Teilnehmer erneut eine Moderationskarte;
  diese hat eine andere Farbe als die erste. Er bittet sie, darauf eine Frage zu notieren, die sie gerne von den anderen Gruppenmitgliedern beantwortet haben würden.
- Auch diese Karten werden verdeckt ausgelegt.
- Nun beginnt das eigentliche Spiel: Ein Teilnehmer deckt je eine Namens- und eine Fragekarte auf.
- Der Teilnehmer, dessen Name aufgedeckt wurde, beantwortet dann die aufgedeckte Frage.
- Reihum deckt jeder Teilnehmer eine Namens- und eine Fragekarte auf ...
- Es werden mindestens zwei Runden gespielt.

Variante

Die Fragekarten werden gemeinsam entwickelt (sodass keine Frage doppelt auftaucht), die Fragekarten werden in (Zweier-)Teams geschrieben oder der Leiter hat die Fragekarten schon vorbereitet ...

Benötigte Utensilien

Je Teilnehmer zwei (Moderations-)Karten in zwei Farben und je ein (Moderations-)Stift.

Ziel / Nutzen

Das Kennenlernen ist bei diesem Game sehr „spontan", da die Verbindung zwischen den aufgedeckten Namen und Fragen eher zufällig passiert. Die Tatsache, dass man nicht vor die Gruppe treten muss, lockert die Atmosphäre und die Karten werden (mit zunehmender Rundenzahl) auch mal ganz gezielt gewählt ...

Die Teilnehmer sollten vielleicht nicht alle Fragen notieren, die sie gerne von den anderen Gruppenmitgliedern beantwortet haben möchten.

5

Heißer Stuhl

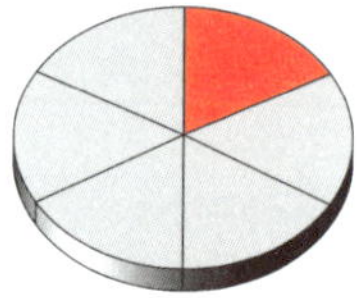

Einstieg

Durchführung

- Die Teilnehmer sitzen im offenen Halbkreis.
- Vor der Gruppe steht ein leerer Stuhl.
- Der Moderator setzt sich auf diesen Stuhl ...
- ... und fordert die Gruppenmitglieder auf, ihn all das zu fragen, was sie jetzt gerne von ihm wissen würden. Jeder darf eine Frage stellen.
- Die Teilnehmer stellen dann (reihum) je eine Frage an den Moderator; dieser beantwortet die Fragen mehr oder weniger ausführlich.
- Hat jeder seine Frage gestellt, setzt sich der Moderator wieder auf seinen Stuhl in der Runde und der „heiße Stuhl" ist wieder leer.
- Nun setzt sich einer der Teilnehmer für eine Fragerunde nach vorne ...
- Möchte jemand auf eine Frage (noch) nicht antworten, so sagt er einfach „Weiter!".

Variante

Der heiße Stuhl kann auch zwischendurch gespielt werden, aber Vorsicht: Je länger sich die Gruppe kennt und je „lockerer“ sie schon geworden ist, desto „heißer“ wird das Spiel ...

Benötigte Utensilien

Keine. Es muss lediglich ein zusätzlicher Stuhl vorhanden sein.

Ziel / Nutzen

Dieses Game ist für jeden Teilnehmer interessant und aufregend. Dadurch, dass jeder auf den heißen Stuhl kommt und jeder jeden etwas fragt, hat sich auch jeder schon mal kurz für jeden interessiert. Es schafft schnell Kontakt zu- und Interesse füreinander ...

Ürigens: Wenn sich jemand (momentan) nicht auf den Stuhl traut, verzichtet er. Er kann ja Fragen auch in der Pause beantworten!

Zum Einstieg
kurz notiert:

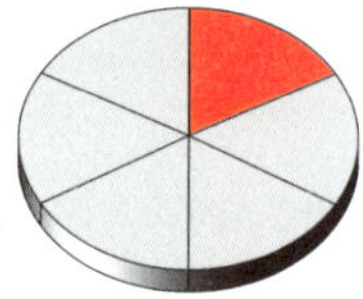

Einstieg

Games für die Arbeitsphase

6

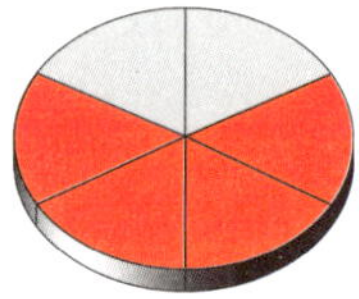

Arbeiten

Obstkorb

Durchführung

- Die Gruppe setzt sich in einen geschlossenen Stuhlkreis.
- Der Moderator/Leiter stellt sich in die Mitte des Kreises.
- Er ordnet reihum jedem Teilnehmer eine der folgenden Obstsorten zu: Apfel – Birne – Banane (natürlich geht auch Kiwi, Ananas und Stachelbeere).
- Danach erklärt er die Spielregeln:
  - Wenn der, der in der Mitte des Kreises steht, zwei Obstsorten nennt, muss sich jeder, der einer der genannten Obstsorten angehört, einen neuen Sitzplatz suchen.
  - Sagt er statt der zwei Obstsorten das Wort „Obstkorb“, muss sich jeder einen neuen Sitzplatz suchen.
  - „Obstkorb“ darf nicht mehrmals direkt nacheinander gerufen werden.
  - Wenn die Spielregeln bekannt sind, beginnt der Moderator das Spiel mit der Nennung zweier Obstsorten.
- Sobald Teilnehmer begonnen haben, die Plätze zu wechseln, setzt sich der Leiter auf

einen der frei gewordenen Stühle und es bleibt jemand anderer übrig. Nun ist dieser an der Reihe, die Anweisungen für die Platzwechsel zu geben und selbst wieder einen Sitzplatz zu ergattern ...

- Ist die Gruppe munter, beendet der Leiter das Game: „Vielen Dank, ich schlage vor, wir setzen uns jetzt wieder in den großen Kreis ...“

Benötigte Utensilien

Für dieses Spiel werden keinerlei Hilfsmittel benötigt.

Ziel / Nutzen

Der Obstkorb bringt die Gruppe in Bewegung und macht Spaß. Die Teilnehmer kommen (beinahe) ins Schwitzen. Der positive Effekt des Spieles ist der, dass die Teilnehmer dadurch, dass sie im Zimmer „herumrennen“ und sich „albern“ benehmen, nach dem Game lockerer sind als vorher. Sie können lockerer/ offener miteinander umgehen.

Obstsalat ... äh ... korb!

7

Geben & Nehmen

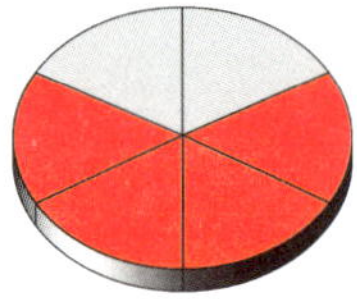

Arbeiten

Durchführung

- Der Moderator/Leiter bittet die Teilnehmer, die Stühle zur Seite zu stellen und möglichst viel freien Bewegungsraum zu schaffen.

- Jeder Teilnehmer erhält dann drei Wäscheklammern mit der Bitte, diese irgendwo sichtbar an die eigene Kleidung zu heften.

- Unmittelbar nach der Einweisung: „Ziel des Spieles ist es, sich möglichst viele Klammern an die eigene Kleidung zu heften!“ beginnt das Game. Der Spielleiter kann bei den letzten Worten schon durch den Raum flitzen und dem einen oder andern die eine oder andere Klammer abrupfen, um sie gleich danach an die eigene Kleidung zu heften ...

- Nach 2 – 3 Minuten unterbricht der Leiter und ändert das Spiel: Im zweiten Teil geht es darum, möglichst viele Wäscheklammern abzugeben. Ziel ist es nun, möglichst viele Klammern dadurch loszuwerden, dass man sie den Mitspielern ansteckt.

- Das Spiel ist nach weiteren 2 – 3 Minuten beendet.

Benötigte Utensilien

3 bunte Wäscheklammern je Teilnehmer.

Ziel / Nutzen

Das „Wäscheklammernspiel" ist ein sehr turbulenter Spaß. Der „Pfiff" des Spieles kommt dadurch zustande, dass es an das „Fangen spielen" der Kindheit erinnert, das bunte Element der Wäscheklammern enthält und Körperkontakt zulässt/erfordert.

Der Wettbewerbscharakter wird durch die Umkehrung des Auftrages (Wegnehmen und Abgeben der Klammern) stark verwischt. Trotzdem hilft das Game der Gruppe, die „Hackordnung" festzulegen bzw. zu festigen.

Achtung: Vor Spielbeginn sollten – wie bereits erwähnt – unbedingt alle möglichen „Stolperfallen" (Stühle, Flip-Chart, halbvolle Gläser etc.) entfernt werden. „Geben & Nehmen" sollte nicht in allzu kleinen Räumen oder bei Platznot gespielt werden, da das Spiel sehr bewegungsintensiv ist!

8

Luftballons

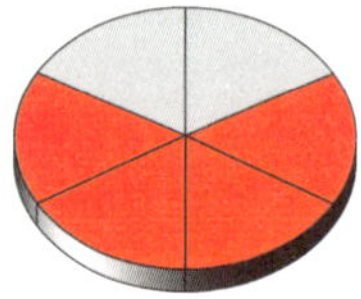

Arbeiten

Durchführung

... als Kampf

- Die Gruppe stellt sich im Kreis auf.
- Jeder erhält einen Luftballon mit der Aufgabe, diesen aufzublasen.
- Sobald jeder Teilnehmer mit einem aufgeblasenen Ballon ausgerüstet ist, fordert der Gruppenleiter die Teilnehmer auf, es ihm gleichzutun. Er rennt mit seinem Ballon los und schlägt „jedem, der ihm in den Weg kommt“ den Ballon auf den Po, auf den Kopf, die Brust ... und begleitet dies mit Worten wie „Das wollte ich Dir schon immer mal sagen“, „Da hast Du's“, „Du Schuft“ ...
- Wenn die Gruppe „sich ausgetobt“ hat, beendet der Moderator das Game: „Ich denke, es hat jetzt jeder genug Prügel bezogen, und wir setzen uns wieder, um unser Thema ... in Angriff zu nehmen.“

... als Kooperationsspiel

- Die Gruppe stellt sich im Kreis auf.
- Jeder erhält einen Luftballon mit der Aufgabe, diesen aufzublasen.

- Sobald jeder mit einem aufgeblasenen Ballon ausgerüstet ist, fordert der Gruppenleiter die Teilnehmer auf, auf sein Kommando die Ballons hochzuwerfen und dann gemeinsam darauf zu achten, dass alle Ballons in der Luft bleiben. Die Ballons dürfen weder den Boden berühren noch in den Händen gehalten werden. Der Gruppenleiter kann die Aufgabe dadurch erschweren, dass er zusätzliche Ballons ins Spiel bringt. Die Aufgabe ist übrigens auch dann schwieriger zu bewältigen, wenn die Teilnehmer recht eng zusammenstehen.

Benötigte Utensilien

Luftballons in verschiedenen, möglichst „knalligen" Farben, die sich leicht aufblasen lassen und schön groß werden.

Ziel / Nutzen

Ballonspiele dienen dazu, die Gruppe aufzulockern. Ihre positive Wirkung kommt dadurch zustande, dass allein das Aufblasen eines bunten Luftballons schon etwas Fröhliches und Lustvolles ist und die Stimmung in der Gruppe verändert. Durch das Element Bewegung wird die Übung spaßig und belebend.

Bei Variante 1 können „so ganz nebenbei" auf spielerische Art Aggressionen abgebaut werden.

9

Ebbe und Flut

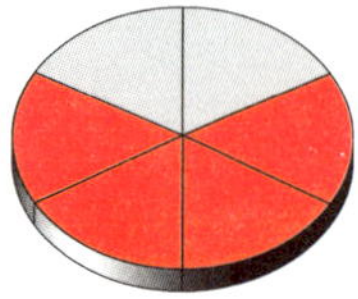

Arbeiten

Durchführung

- Die Teilnehmer stehen in einem lockeren Kreis. Der Trainer/Moderator fängt an, eine Geschichte von Menschen an einem Strand zu erzählen und lädt die Teilnehmer ein, die in der Geschichte vorkommenden Bewegungen mitzumachen.

- Wenn in der Erzählung das Wort „Ebbe" vorkommt, müssen die Teilnehmer sich so schnell wie möglich auf den Boden setzen. Die/der Langsamste hat nämlich die (undankbare) Aufgabe, die Geschichte spontan weiter zu erzählen...

- Sobald in der Fortsetzung der Erzählung das Wort „Flut" fällt, springen die Teilnehmer auf und versuchen so schnell wie möglich, vom Boden wegzukommen, z. B. indem sie auf Stühle oder Tische klettern.

- Wer zu langsam war, erzählt weiter, bis irgendwann das Wort „Ebbe" wieder fällt.
Usw. usf.

Benötigte Utensilien

Keine. Der Raum muss jedoch so ausgestattet sein, dass Möglichkeiten vorhanden sind, der „Flut" zu entkommen.

Ziel / Nutzen

Für dieses Game gibt es drei verschiedene Einsatzmöglichkeiten:

- Auflockern nach anstrengender inhaltlicher Arbeit, z. B. nach längeren ermüdenden Vorträgen im Training oder auch nach einer „schwierigen Geburt" im Workshop.
- Da die Teilnehmer bei diesem Game aber auch stark eingebunden sind, und sich – wenn sie zu langsam reagiert haben – spontan etwas einfallen lassen müssen, sind sie in ihrer Kreativität gefordert.
- Außerdem hat „Ebbe und Flut" aber auch einen (moderaten) Bewegungsaspekt: Nach längerem Sitzen in der Runde tut dieses Game einfach gut...

10

Begrüßungsparty

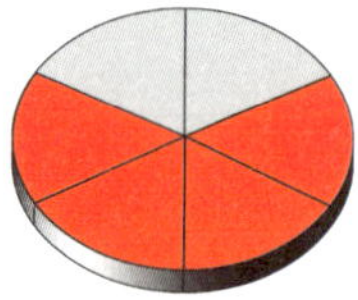

Durchführung

- Die Teilnehmer bewegen sich bei flotter Musik kreuz und quer durch den Raum.

- Der Leiter stoppt die Musik und gibt der Gruppe sofort nach Beendigung der Musik eine Aufgabe. Diese kann sein:

  Bitte begrüßen Sie sich jetzt, wie sich zwei Araber (zwei Indianer, zwei Bayern, zwei Österreicher ...) begrüßen würden.

  Begrüßen Sie sich jetzt bitte, wie sich zwei Pinguine (zwei Schimpansen, Elefanten, Fische, Känguruhs ...) begrüßen würden.

- Nach erfüllter Aufgabe schaltet der Moderator jeweils die Musik wieder an und die Teilnehmer bewegen sich weiter durch den Raum.

- Es sollte etwa so viele Unterbrechungen geben, wie es Teilnehmer gibt.

Varianten

Variante A:
Die Teilnehmer finden sich bei jeder Unterbrechung zu Grüppchen zusammen, die sich dann begrüßen. Die Grüppchen können gebildet werden nach Geschlecht, Haarfarbe, Augenfarbe, Schuhgröße ...

Variante B:
Um den Teilnehmern das Aufeinanderzugehen zu erleichtern, kann sie der Leiter auffordern, sich in einem Innen- und einem Außenkreis aufzustellen. Die Musik läuft immer während der Begrüßungsaktion. Stoppt die Musik, rücken die im Außenkreis um eine Person weiter. Die Musik wird wieder gestartet und läuft während der Begrüßungszeremonie.

Benötigte Utensilien

Musikanlage (mit Fernbedienung, wenn der Moderator an der Übung teilnehmen möchte).

Ziel / Nutzen

Durch diese Übung werden verschiedene Effekte erzielt. Die Teilnehmer nehmen den Raum und seine Ausstattung „in Besitz“, sie kommen dabei auf vielfältige und vor allem auf spielerische Art und Weise miteinander in Kontakt.

11

Gordischer Knoten

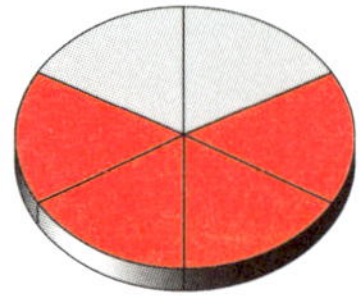

Arbeiten

Durchführung

- Die Teilnehmer stellen sich Schulter an Schulter in einem (sehr) engen Kreis auf.

  Der Spielleiter bittet nun alle, die Hände nach vorne auszustrecken und mit jeder Hand die Hand eines anderen Teilnehmers zu greifen.

- Wichtig: Jeder muss darauf achten, dass er an jeder Hand einen anderen Mitspieler hält. Es ist nicht erlaubt, die Hand der jeweiligen, direkten Nachbarn zu greifen!

- Die Aufgabe ist es nun, die Hände nicht mehr loszulassen und trotzdem den enstandenen „gordischen Knoten" zu entwirren.

- Die Aufgabe zu lösen gelingt, indem man über die Hände hinweg steigt und unter ihnen durchschlüpft ...

Variante

Bei großen Gruppen und ausreichend Platz kann der „gordische Knoten" auch in konkurrierenden Teams gespielt werden.

Benötigte Utensilien

Für dieses Spiel werden keinerlei Hilfsmittel benötigt.

Ziel / Nutzen

Dieser absolute Klassiker unter den Gruppen-Games führt dazu, dass sich die Teilnehmer ganz schön nahe kommen. Die Aufgabe, den Knoten zu entwirren, ist zudem nur durch Kooperation und Kommunikation zu bewältigen; die Teambildung wird dadurch maßgeblich unterstützt.

*Entschuldigung,
würden Sie bitte mal
das Bein heben!*

12

Tante Jo

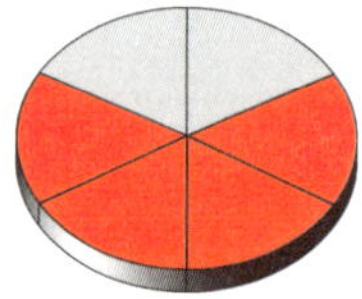

Arbeiten

Durchführung

- Die Teilnehmer stehen im Kreis.
- Der Moderator erklärt die Übung und beginnt sie auch gleich.
- Er sagt: „Ich habe eine Tante, die heißt Jo und die macht immer so!“ Bei „so“ macht er irgendeine Bewegung: Er hüpft auf einem Bein oder hebt und senkt den rechten Arm, er streckt im Rhythmus die Zunge heraus oder, oder, oder ...
- Die Aufgabe der Teilnehmer ist es, diese Bewegung mitzumachen.
- Jetzt kommt der zweite Teilnehmer an die Reihe. Auch er sagt: „Ich habe eine Tante, die heißt Jo und die macht immer so!“ und begleitet dies mit einer Bewegung.
- Wichtig ist jetzt, dass alle auch diese Bewegung mitmachen, dies aber, ohne mit der ersten aufzuhören!
- Die Aufgabe wird also mit jedem Teilnehmer immer schwieriger ...

Variante

Die Aufgaben addieren sich nicht, sondern es muss jeweils nur das (z. B. 10mal) mitgemacht werden, was der jeweilige Teilnehmer vormacht.

Benötigte Utensilien

Für Tante Jo's Game sind keine speziellen Utensilien erforderlich.

Ziel / Nutzen

Das Spiel bringt den Kreislauf in Schwung und macht Spaß. Es ist für jeden Wiedereinstieg gut geeignet oder auch zwischendurch zum Auflockern, etwa im „Mittagstief".

Ich konnte ja nicht wissen, dass seine Tante Jo immer schläft.

13

Verteidige Deinen Standpunkt!

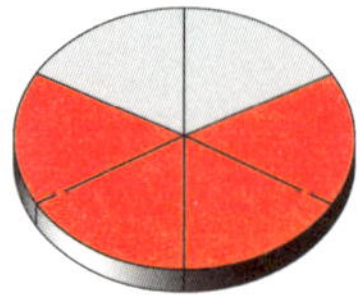

Arbeiten

Durchführung

- Der Leiter fordert die Teilnehmer auf, sich zu zweit – in etwa gleicher „Gewichtsklasse“– zusammenzufinden.
- Nach Anweisung stellen sich die Teilnehmer ca. einen halben Meter voneinander entfernt gegenüber und legen die Handflächen auf Brusthöhe aneinander.
- Aufgabe für die Spieler ist es nun, durch Drücken/ Nachgeben an den Händen des Mitspielers diesen aus dem Stand zu bringen.
- Es gibt drei Versuche.

Variante

Das Game kann dadurch in seiner Schwierigkeit erhöht werden, dass man eine Zeit vorgibt (etwa eine Minute) oder/und die Teilnehmer nur auf einem Bein stehen dürfen.

Benötigte Utensilien

Für die „Standpunktübung“ werden keinerlei Hilfsmittel benötigt.

Ziel / Nutzen

Dieses Game verbindet aktive körperliche Anstrengung mit dem Kräftemessen zwischen etwa gleichgewichtigen Partnern und hat somit zweierlei Effekte:

- Durch die Bewegungsaktivität wird Ermüdung, z. B. durch langes, konzentriertes Arbeiten, entgegengewirkt.
- Die Durchführung des Games als Wettkampf mit einem Gegner, der frei gewählt werden kann (nur die „Gewichtsklasse“ sollte in etwa stimmen), hat Auswirkungen auf die Rollendifferenzierung innerhalb der Gruppe.

Was in den Arbeitsphasen nur verbal möglich ist, wird hierbei durch den Einsatz der Körperkräfte ausgetragen.

Die Gewichtsklasse sollte in etwa stimmen!

14

Raumteiler

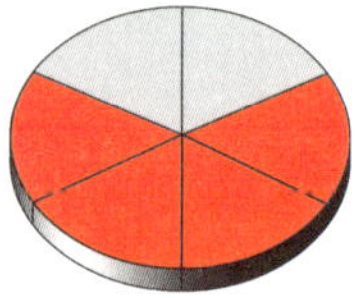

Arbeiten

Durchführung

- Die Teilnehmer werden in Teams von drei bis sechs Mitgliedern aufgeteilt.
- Der Moderator bittet die Teams, sich jeweils auf einen Bogen Pinnwandpapier zu stellen und erklärt ihnen, dass dieser Pinnwandpapierbogen symbolisch für ihren Arbeitsraum steht. Ziel der Übung ist es, herauszufinden, welches der Teams in dem kleinsten Arbeitsraum Platz findet.
- Da alle Teams die Aufgabe anfangs leicht erfüllen, wird der Arbeitsraum (der Pinnwandpapierbogen) halbiert und eventuell nochmals halbiert und nochmal und ...

Variante

Bei dieser Übung können die verschiedenen Möglichkeiten, Gruppen einzuteilen, recht großen Einfluss auf den Spielverlauf haben. Der Spielleiter ist also aufgefordert, sich zu überlegen, ob er eine eher zufällige oder eine bewusste Teammitglieder-Einteilung vornehmen möchte.

Benötigte Utensilien

Pro Team wird ein Bogen Pinnwandpapier benötigt.

Ziel / Nutzen

Bei diesem Game geht es in aller Regel recht lustig zu! Die Teilnehmer kommen sich stufenweise und in einer sehr spielerischen Art und Weise näher. Dadurch werden das Gruppenklima und der Gruppenzusammenhalt positiv beeinflusst: Die Gruppe lernt, sich zu „begreifen“ ...

Bei dieser Übung bringt es eindeutig Vorteile,
wenn der Teilnehmer mit der kleinsten Schuhnummer
etwas kräftiger gebaut ist.

15

Roboter parken

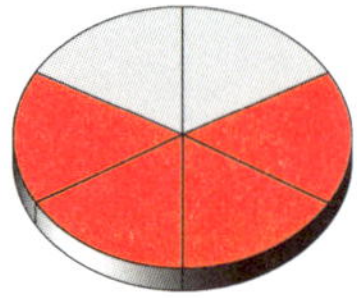

Arbeiten

Durchführung

- Die Teilnehmer finden sich in Dreierteams zusammen.
- Zwei Teilnehmer stellen sich Rücken an Rücken, sie sind in diesem Spiel zwei Roboter. Der dritte im Team ist der „Roboterführer“.
- Die Roboter werden vom Spielleiter durch ein Signal (z. B. „Roboter go!“) angeschaltet. Der jeweilige Roboterführer hat nun die Aufgabe, seine beiden Roboter möglichst schnell in Parkposition zu bringen. Die Roboter müssen dazu Gesicht an Gesicht stehen.
- Die Roboter bewegen sich in kleinen, stetigen Schritten immer geradeaus. Der Roboterführer kann sie – um sie in die Parkposition zu bringen – folgendermaßen lenken:
- Bei Druck auf die linke Schulter dreht sich der Roboter solange nach links, bis der Druck weggenommen wird.
- Bei Druck auf die rechte Schulter dreht sich der Roboter solange nach rechts, bis der Druck weggenommen wird.
- Der Roboterführer darf immer nur einen Roboter lenken – werden beide Roboter gleichzeitig berührt, gibt das einen Kurzschluss und beide Roboter bleiben stehen.

- Fährt ein Roboter frontal gegen die Wand oder ein Hindernis, schaltet er sich automatisch ab. Ist dieses Hindernis der Partnerroboter, so befinden sich beide Geräte in (der gewünschten) Parkposition.

- Stehen alle Roboter in Parkposition, ist das Game beendet.

Variante

Die Rollen können gleich im Anschluss oder bei weiteren Spielgelegenheiten getauscht werden, so dass jeder mal in jeder Rolle war.

Benötigte Utensilien

Hilfsmittel sind nicht erforderlich. Gegebenenfalls vorhandene Stoßkanten und/oder Stolperstellen sollten entschärft oder durch einen „Sicherheitsbeauftragten" gesichert werden!

Ziel / Nutzen

Roboter parken ist ein Auflockerungsspiel, bei dem es dadurch turbulent wird, dass diverse Roboter sich in alle möglichen Richtungen bewegen, aneinanderstoßen ... und die Roboterführer durch die Gegend sausen, um ihre Maschinen einzufangen.

Dadurch, dass die Teilnehmer sich in „alberne" Rollen begeben und miteinander spielen, werden sie füreinander ein Stück „menschlicher". Dies trägt zu einer „weichen", lockeren Atmosphäre bei ...

16

Yin & Yang

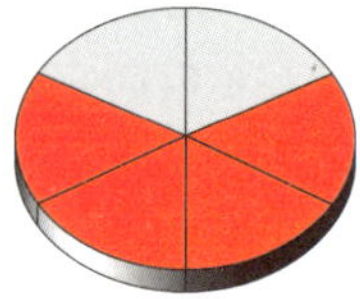

Arbeiten

Durchführung

- Die Gruppe stellt sich im Kreis auf und der Leiter erklärt das Spiel.

- Yin & Yang ist ein Konzentrationsspiel. Es läuft folgendermaßen ab: Ein Teilnehmer legt eine flache Hand auf den Kopf und sagt „Yin!" Er bestimmt damit, wer als nächster an der Reihe ist. Hat er seine linke Hand auf dem Kopf, so ist der rechte Nachbar dran, ist es die rechte Hand, so ist der linke Nachbar an der Reihe.

- Dieser hält sich dann eine flache Hand unters Kinn und sagt „Yang!“ Er bestimmt damit, wer als nächster an der Reihe ist. Hat er seine linke Hand am Kinn, so ist der rechte Nachbar dran, ist es die linke Hand, so ist es der rechte Nachbar.

- Dieser zeigt nun schweigend auf einen beliebigen Teilnehmer in der Runde. Der legt sich wieder eine flache Hand auf den Kopf und sagt „Yin!" ... Wichtig: Außer den Worten „Yin!" und „Yang!“ darf nichts gesagt werden!

- Macht ein Teilnehmer einen Fehler, indem er den falschen Begriff sagt, die Hand auf den Kopf hält, obwohl das Kinn dran wäre oder, oder, oder ..., muss er die Runde verlassen.

- Jeder Teilnehmer, der „rausgeflogen“ ist, hat jetzt die Aufgabe, die Konzentration der Gruppe so gut es geht zu stören. Dazu gibt es nur zwei Auflagen: Er darf nicht in den Kreis treten, und er darf keinen Teilnehmer berühren!
- Die Schwierigkeit steigt übrigens mit dem Tempo, das man macht ...

Benötigte Utensilien

Für dieses Spiel werden keinerlei Hilfsmittel benötigt.

Ziel / Nutzen

„Ying & Yang“ ist eine Konzentrationsübung, die zum turbulenten Spaß wird, je temperamentvoller die Störer vorgehen. Das Game dient dazu, Hemmschwellen abzubauen. Wenn der Leiter einen Fehler macht, sobald das Spiel sicher läuft, kann er durch ungehemmtes Stören demonstrieren, dass man in dieser Gruppe auch aus sich herausgehen darf. Hierzu kann er laut lesen oder singen, den Mitspielern ins Ohr flüstern ...

17

Team-Knobeln

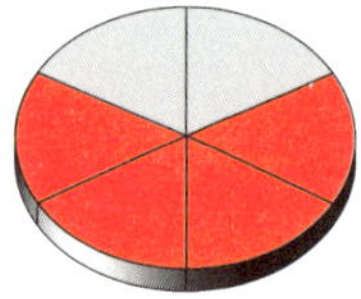

Arbeiten

Durchführung

- Der Moderator/Leiter bildet zwei Teams, die sich in etwa zwei Metern Abstand frontal zueinander aufstellen.

- Die Teams haben die Aufgabe, eine von drei möglichen Figuren darzustellen. Die möglichen Figuren sind: alte Frau mit Krückstock, Löwe, Samurai mit Schwert. Ziel ist es dabei, mit der „stärkeren" Figur die „schwächere" zu schlagen.

- Die Wertigkeit der Figuren ist dabei folgendermaßen festgelegt:

- Samurai: Tötet den Löwen mit seinem Schwert und stößt dazu einen lauten Schrei aus: „Haaa!!!"

- Löwe: Frisst die alte Frau, begleitet von einem lauten „Uah!!!".

- Alte Frau: Kommt zittrig daher und erschlägt den Samurai mit ihrem Gehstock. Sie sagt dabei keinen Ton.

- Die Teams erhalten kurz Zeit, sich auf eine Figur zu einigen, und stellen diese dann auf ein Signal des Leiters hin dar.

- Das Team mit der „stärkeren" Figur erhält einen Punkt.

- Gewonnen hat das Team, das als erstes drei Punkte erreicht hat.

Benötigte Utensilien

Für dieses Spiel werden keinerlei Hilfsmittel benötigt.

Ziel / Nutzen

Das Team-Knobeln ist zur Auflockerung gedacht. Es gibt aber auch Gelegenheit, Kontakt herzustellen. Zufällig oder – mit etwas Phantasie – auch ganz gezielt ...

18

Schiffbruch im Haifischbecken

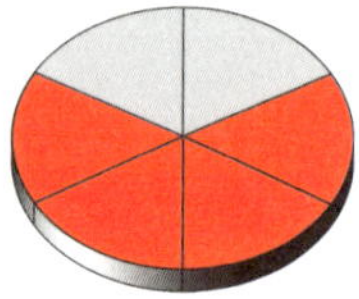

Arbeiten

Durchführung

- Mit Kreppband klebt der Leiter/Moderator auf dem Boden des Seminarraums einen ca. 15 cm breiten Balken ab, der lang genug ist, dass alle Teilnehmer sich darauf stellen können (es darf ruhig eng werden dabei).

- Wenn alle Teilnehmer auf dem Balken stehen, erklärt der Spielleiter die Situation: Als Schiffbrüchige stehen sie auf dem letzten treibenden Balken, das Wasser um sie herum ist sehr tief. Doch damit nicht genug: Im Wasser um den Balken herum wimmelt es von besonders bösartigen und verfressenen Haien. Wenn jemand ins Wasser fällt, ist er hoffnungslos verloren – Fischfutter eben!

- Doch Rettung naht. Der Spielleiter kündigt die Ankunft eines Rettungshubschraubers an. Um gerettet werden zu können, bittet er die Teilnehmer, sich nach der Größe zu sortieren...

Variante

Kreative Spielleiter lassen sich immer neue „Sortierschlüssel" einfallen: nach Alter, in alphabetischer Reihenfolge, nach Geschlecht und Alter, nach Schuhgröße, nach Herkunftsort von Nord nach Süd, usw. usf.
Manchmal bietet es sich zudem an, den Rettungshubschrauber nach dem ersten (erfolgreichen) Durchgang eine „Störung" haben zu lassen. Er kann die Schiffbrüchigen dann nur aufnehmen, wenn sie sich auf eine andere Art und Weise aufgestellt haben.

Benötigte Utensilien

Klebeband, um den Balken auf dem Boden darzustellen. Wer mag, kann aus Moderationskarten zusätzlich mit der Schere Hairückenflossen ausschneiden und um den Balken herum aufstellen. Dann wird das Game noch „dramatischer".

Ziel / Nutzen

Bei diesem Game geht es in aller Regel recht turbulent zu. Alle reden gleichzeitig, einige fangen schon an usw. Natürlich wird es beim Sortieren auf dem schmalen Balken eng, aber auch nicht enger als beispielsweise beim Tanzen. „Schiffbruch im Haifischbecken" verbindet körperliche Aktivität, bei der jeder mitmachen kann, und Konzentration auf den Ablauf. Zudem entsteht ein Gruppenerlebnis, denn die Lösung kann nur hergestellt werden, wenn jeder mitmacht!

19

Hund & Katze

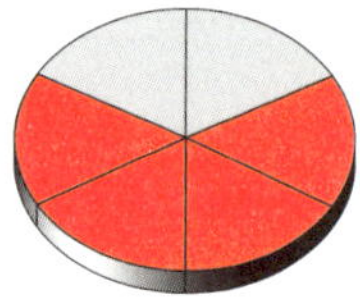

Arbeiten

Durchführung

- Der Leiter/Moderator bittet die Teilnehmer, sich mit ihm in einen relativ engen Stuhlkreis zu setzen.

- Er leitet dann das Spiel damit ein, dass er den Teilnehmern sagt, dass es jetzt um Informationsmanagement geht. Konkret geht es (zunächst) um die Sätze: „Das ist ein Hund!“ – „Was ist das?“ – „Das ist ein Hund!“

- Jetzt nimmt er einen Moderationsstift (oder einen anderen Gegenstand) zur Hand und sagt zu seinem Nachbarn zur Rechten gewandt: „Das ist ein Hund!“ Erklärend fügt er hinzu: „Ihre Antwort lautet jetzt: Was ist das?“ Danach drückt er mit den Worten „Das ist ein Hund!“ dem Partner den Stift in die Hand.

- Nun hat dieser die Aufgabe, seinem Nachbarn gegenüber zu behaupten: „Das ist ein Hund!“. Dieser fragt dann zurück: „Was ist das?“ Bevor der Stiftinhaber nun die Frage mit „Das ist ein Hund!“ beantwortet und den Stift weitergibt, muss er sich diese Information erst wieder beim Spielleiter holen. Dies erfolgt durch Rückwärtsfragen: „Was ist das?“ Der Leiter antwortet: „Das ist ein Hund!“ Erst jetzt gibt er mit den Worten „Das ist ein Hund!“ den Stift weiter.

- Jetzt ist der Nachbar des Nachbarn dran …

- Wichtig: Die Frage „Was ist das?“ läuft jedesmal Teilnehmer für Teilnehmer zurück bis zum Leiter und seine Antwort „Das ist ein Hund!“ läuft jedesmal Teil-

- nehmer für Teilnehmer bis zu dem vor, der „den Hund“ gerade hat!

- Wenn dieser Ablauf von allen Teilnehmern verstanden ist, startet das eigentliche Game: Der Spielleiter bringt nach rechts den „Hund“ ins Spiel. Gleich darauf bietet er seinem linken Nachbarn eine „Katze“ an: „Das ist eine Katze!“ ...

- Die beiden Stifte laufen nun in der Runde in gegensätzliche Richtung. Wenn jeder Stift die halbe Gruppe durchlaufen hat – der eine rechts herum und der andere links herum – treffen sie bei einem Teilnehmer aufeinander. Das Informationschaos, das jetzt entsteht, ist nur durch eiserne Spieldisziplin in den Griff zu bekommen.

Variante

Verwendet man anstatt der Begriffe „Hund” und „Katze” die Begriffe „Wuf” & „Umpf”, wird das Spiel noch etwas schwieriger ...

Benötigte Utensilien

Der Spielleiter benötigt zwei Moderationsstifte:
z. B. blau = Hund, rot = Katze.

Ziel / Nutzen

Die schwierige Situation, die entsteht, sobald sich die Gegenstände kreuzen und die Informationen (in aller Regel) durcheinandergeraten, ist ein plastisches Beispiel dafür, wie schwierig das Managen von Informationsflüssen in Gruppen ist.

20

Magic Paper

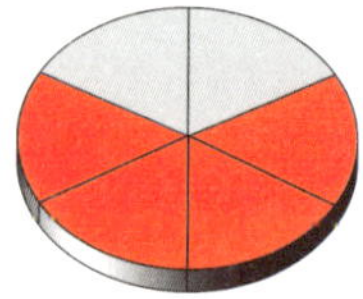

Arbeiten

Durchführung

- Der Leiter/Moderator teilt die Teilnehmer in zwei gleichgroße Gruppen ein. Jede Gruppe erhält zwei Rollen Pinnwandpapier mit der Bitte, diese zu einem Stab zu rollen, dem „Magic-Paper". Die Papiere werden dazu so gerollt, dass sie sich in der Mitte etwas überlappen und ein einziger Stab von etwa 2 Metern Länge und 5 cm Durchmesser entsteht. Die Papierrollen können natürlich auch schon durch den (Moderator/Gruppenleiter) vorbereitet sein.

- Danach werden die Rollen je Gruppe mit den Enden zwischen zwei Stuhllehnen abgelegt, sodass so viel wie möglich frei zugänglich ist.

- Jetzt bittet der Moderator die Mitglieder jeder Gruppe, sich an die linke und rechte Seite ihres „Magic-Paper" zu verteilen und es mit den Fingern von unten leicht zu berühren. Dabei ist wichtig, dass jeder Teilnehmer nur den Zeige- und Mittelfinger benutzt und diese Finger schräg nach unten zeigen, so dass eine „Rinne" aus Fingern entsteht, in der das Papier ruht und die im weiteren Spielablauf die Stuhllehnen überflüssig macht. Idealerweise sind die Hände der Teilnehmer zueinander versetzt, das heißt, zwischen den Händen eines Teilnehmers liegt immer die Hand eines anderen.

- Jetzt kommt die eigentliche Aufgabe: Die Gruppen sollen nun im Wettbewerb zueinander ihr „Magic-Paper“ auf den Boden legen. Die Finger müssen dabei bleiben, wie sie sind und stets die Papierrolle berühren – keiner darf den Kontakt zu ihm verlieren! ... und keiner darf seine Hand waagerecht halten. Darauf streng zu achten ist die Aufgabe des Gruppenleiters!

Variante

Anstatt der Papierstäbe werden Holzstäbe ... verwandt.

Benötigte Utensilien

Es werden lediglich vier Pinnwand-Papierbögen und etwas Kleber oder Klebeband benötigt.

Ziel / Nutzen

Das Game zeigt, wie schwierig es ist, ohne gute Absprache/Koordination eine gemeinsame Aufgabe zu lösen, auch wenn allen klar ist, was zu tun ist. Der Clou ist nämlich, dass die Verpflichtung der Teilnehmer darauf, den Kontakt zum Stab nicht zu verlieren, in aller Regel dazu führt, dass die Gruppe das Papier immer höher anhebt, statt nach unten zu legen ...

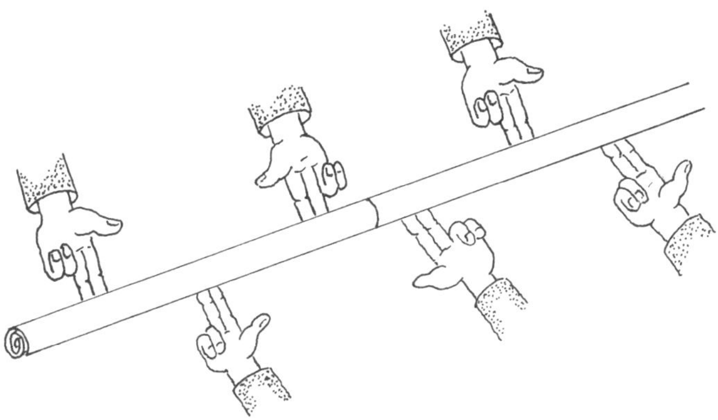

21

Schenkel klappen

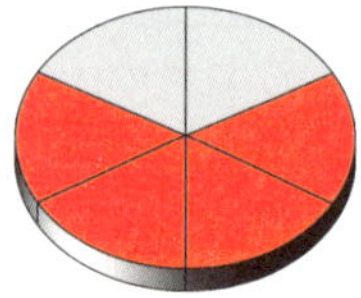

Arbeiten

Durchführung

- Die Teilnehmer setzen sich in einen möglichst engen Stuhlkreis.
- Jeder legt die Hände auf seine Oberschenkel.
- Der Moderator/Leiter erklärt das Game: „Wir klappen jetzt – im Uhrzeigersinn – nacheinander mit unseren Händen auf die Schenkel.“
- Er hebt die rechten Hand vorne so an, dass die Handballen auf dem Schenkel liegen bleiben, und klappt sie dann hörbar auf den Schenkel zurück. Dann macht er dies mit seiner linken Hand.
- Das gleiche macht sein linker Nachbar, dann dessen linker Nachbar usw. ...
- Nach einer Testrunde ist das Grundprinzip klar und es kommen weitere Spielregeln hinzu:
- Die Runde sollte flott vonstatten gehen.
- Wenn eine Hand sich hebt, obwohl sie noch gar nicht dran ist, fliegt sie raus, sie muss auf den Rücken.

- Ein schnelles Doppelklappen (wie der Mausklick am Computer) ändert die Richtung; jeder kann jederzeit und beliebig oft davon Gebrauch machen.
- Nach einer zweiten Testrunde kommt der eigentliche Clou: Jeder legt seine Hände jetzt auf die Schenkel des Nachbarn! Die linke Hand auf den rechten Schenkel des linken Nachbarn und die rechte Hand auf den linken Schenkel des rechten Nachbarn.
- Nach einer dritten Testrunde kann jetzt das Spiel beginnen.

Variante

Das Spiel wird „harmloser", dafür aber flotter, wenn man es im Stehen macht. Die Teilnehmer stehen dabei im Kreis und klatschen reihum in die Hände. Die Richtung, in die das Klatschen weiterwandern soll, wird dadurch bestimmt, dass sich der, der mit Klatschen dran ist, dabei wahlweise seinem linken oder rechten Nachbarn zuwendet.

Das Spiel wird übrigens in jeder Variante deutlich schwieriger, wenn man versucht, kontinuierlich die Geschwindigkeit zu steigern.

Benötigte Utensilien

Für dieses Spiel werden keinerlei Hilfsmittel benötigt.

Ziel / Nutzen

Bei diesem Game rückt man sich ganz schön „auf den Pelz"; vor allem bei einer gemischten Gruppe wird's „heiß". Der Witz an der Sache: Die körperliche Nähe schafft auch emotional Nähe. Und es macht echt Spaß!

22

Dschungel - Spaziergang

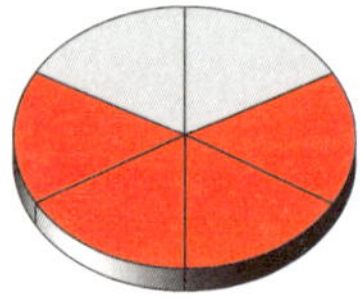

Arbeiten

Durchführung

- Der Leiter bittet die Teilnehmer, sich jeweils einen Partner zu suchen und sich dann paarweise hintereinander aufzustellen.

- Der Vordermann beugt auf Anweisung des Moderators den Oberkörper nach vorn.

- Der Spielleiter erklärt nun, dass die Teilnehmer heute die einmalige Gelegenheit hätten, einen Dschungel-Spaziergang zu machen.

- Nach Vorgabe des Spielleiters lässt der Hintermann nun die verschiedenen Tiere (Elefanten, Springmäuse, Schlangen...), die die Teilnehmer auf ihrem Weg treffen, über den Rücken des Vordermanns gehen/trampeln/hüpfen ...

- Als Abschluss werden mit beiden Händen „die Wege gekehrt", dann können die Positionen gewechselt werden.

Variante

Anstatt der Vorgabe durch den Spielleiter können die einzelnen Teilnehmer nacheinander bestimmte Tiere nennen, denen sie auf ihrem Abenteuerspaziergang begegnen.

Es ist auch möglich, daß der Vordermann gerade steht und der Hintermann den ganzen Körper in die Übung einbezieht. So können etwa Papageien auf dem Kopf landen und Piranhas in die Schenkel zwicken ...

Benötigte Utensilien

Für dieses Spiel werden keinerlei Hilfsmittel benötigt.

Ziel / Nutzen

Beim Dschungel-Spaziergang kommen sich einzelne Teilnehmer recht nah. Aus diesem Grund sollte diese Übung nicht angewandt werden, wenn die Teilnehmer noch keine Gelegenheit hatten, miteinander „warm zu werden". Durch Metaphern (die Tiere, die über den Rücken gehen) wird der eigentliche Sinn, die gegenseitige Rückenmassage, stark verfremdet.

Dieses Game sollte nicht zu realistisch werden!

23

Zoo-Eröffnung

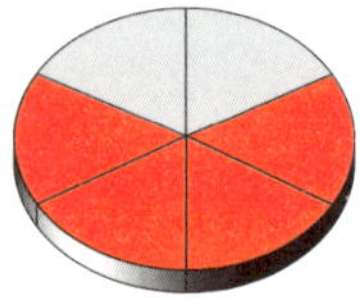

Arbeiten

Durchführung

- Die Teilnehmer stehen im Kreis. Sie erhalten jetzt Gelegenheit, ausnahmsweise schon vor der Eröffnung durch den Zoo zu gehen.
  Einzige Bedingung: Sie müssen sich dabei absolut ruhig verhalten!
- Der Leiter gibt jedem Teilnehmer eine Moderationskarte und bittet ihn, diese nicht herzuzeigen.
- Auf jeder Karte steht ein Tier, wie etwa: Schlange, Affe, Stachelschwein oder Känguruh ...
- Die Aufgabe der Teilnehmer besteht nun darin zu erklären, um welches Tier es sich handelt. Der Clou: Die Erklärung muss nonverbal, also „ohne Worte!“ erfolgen!
- Hat jeder Teilnehmer sein Tier dargestellt und es wurde erraten, ist die Runde zu Ende.

Variante

Die Teilnehmer dürfen umschreiben, um welches Tier es sich handelt, dürfen es aber nicht beim Namen nennen. Ob sie ihre Erklärungen nonverbal unterstützen möchten, können sie selbst entscheiden.

Deutlich schwieriger ist diese Game-Variante, wenn abstrakte Begriffe darzustellen und zu erraten sind, wie etwa: Ratlosigkeit, Begeisterung ...

Benötigte Utensilien

Für diese Übung sind, außer den Moderationskarten mit den Tiernamen, keine Hilfsmittel erforderlich.

Ziel / Nutzen

Dieses Game ist kurz, mit leichter Bewegung verbunden und – bei richtiger Tierwahl – entsprechend lustig. Die Teilnehmer können mehr oder weniger Aufwand treiben, ihr Tier darzustellen, und die jeweils Ratenden können sich mehr oder weniger Mühe geben, das Tier zu erraten. (Ggf. sollte die Anzahl der Rateversuche beschränkt werden. Wenn das Rätsel dann nicht gelöst ist, wird es vom Kartenbesitzer enthüllt.) Durch den gemeinsamen, kurzen Ratespaß gelingt es, die Inhalte einen Moment loszulassen, zu entspannen und das Gruppenklima zu lockern.

Übrigens: Bei diesem Game kann die Bewegungsintensität (durch entsprechende Aufgabenstellung) sehr gezielt eingeteilt werden, sodass auch gehandicapte Teilnehmer bei diesem Bewegungsgame mitmachen können.

24

Wissen und Können

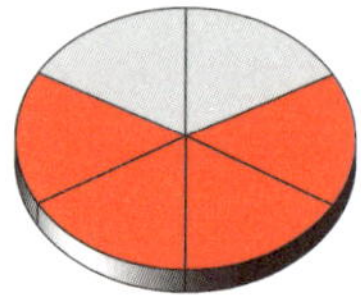

Arbeiten

Durchführung

- Der Gruppenleiter/Moderator bittet die Gruppe, im Gleichschritt im Kreis zu gehen (erster Schritt mit linkem Fuß). Bei jedem 2. Schritt (rechter Fuß) wird geklatscht.

- Nach einigen (Test-)Runden hält er die Gruppe an und erteilt als neue Aufgabe, wieder im Gleichschritt zu gehen und bei jedem dritten Schritt etwas in die Höhe zu springen.

- Wenn auch das „sitzt", werden jetzt beide Abläufe kombiniert. Also:
  Schritt 1 links beginnen
  Schritt 2 rechts klatschen
  Schritt 3 links springen
  Schritt 4 rechts klatschen
  Schritt 5 links keine Aktion
  Schritt 6 rechts klatschen und springen
  Schritt 7 links keine Aktion
  Schritt 8 rechts klatschen
  Schritt 9 links springen
  usw. usw.

- Wer einen Fehler macht, geht selbstständig aus dem Kreis heraus und schaut den anderen zu.

Variante

Auf die gleichzeitige Durchführung von zwei Aktivitäten kann auch verzichtet werden. In diesem Falle sind die Personen 1, 3, 5 usw. für das Klatschen zuständig, die Personen 2, 4, 6 usw. für das hüpfen. Wer sich ablenken lässt, verlässt die Runde wie gehabt.

Benötigte Utensilien

Grundsätzlich keine. Es muss nur genügend Raum ohne Hindernisse vorhanden sein, damit die Gruppe ungestört im Kreis gehen kann.

Ziel / Nutzen

Die Teilnehmer erleben hautnah, wie riesig der Unterschied zwischen „wissen" (verstanden haben) und „können" (anwenden) ist. Im Training stellt dieses Game daher einen lustigen und trotzdem hintergründigen Einstieg in die Phase der Teilnehmerübungen dar. Im Workshop dient es eher dazu, den Teilnehmern den Unterschied zwischen rationaler Entscheidung/logischer Begründung einerseits und Umsetzung/Implementierung andererseits zu verdeutlichen. Quasi ganz nebenbei macht dieses Game aber auch eine Menge Spaß.

25

Morgenmuffel - Frühaufsteher

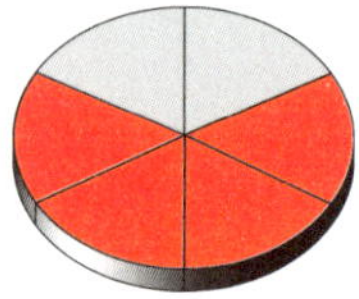

Durchführung

- Der Spielleiter teilt Zweierteams ein, von denen jedes einen Spielbogen erhält.
- Danach erläutert er das Vorgehen: „Auf den Bögen stehen jeweils Anfangs- und Endbuchstaben. Aufgabe der Teams ist es nun, möglichst schnell Wörter zu finden, die den passenden ersten und letzten Buchstaben haben. Das Team, das als erstes den ganzen Bogen ausgefüllt hat, ist Sieger."
- Auf das Startsignal des Moderators hin wenden die Teams die Bögen und füllen diese aus.
- Ist ein Team fertig, ist das Spiel zu Ende. Es macht übrigens wenig Sinn, dann den Arbeitsfortschritt der anderen Teams zu ermitteln und ein „ranking" zu erstellen. Besser ist da eine Variante ...

Variante

Um einen Sieger-Verlierer-Effekt zu vermeiden, bietet es sich an, die Übung nach dem ersten Durchgang mit einem veränderten Spielbogen (mehrmals) zu wiederholen. Dies gibt auch Gelegenheit, die Teams neu zu formieren und so den Kontakt untereinander zu fördern!

Benötigte Utensilien

Spielbögen, Schreiber

Ziel / Nutzen

Diese Übung ist vor allem morgens zum Wiedereinstieg geeignet. Sie aktiviert die Teilnehmer geistig und schafft durch die Arbeit in Teams Nähe zwischen den Teilnehmern.

Bitte ergänzen Sie:

M	. . . .	
O	. . . .	
R	. . . .	
G	. . . .	F
E	. . . .	U
N	. . . .	M
M	. . . .	N
U	. . . .	E
F	. . . .	G
F	. . . .	R
E	. . . .	O
L	. . . .	M

Übrigens: Wenn durch die Vorgabe von Punkten je Zeile festgelegt wird, wieviele Buchstaben das jeweilige Wort (maximal) haben darf, wird das Game deutlich schwieriger!

26

Die Katze schleicht

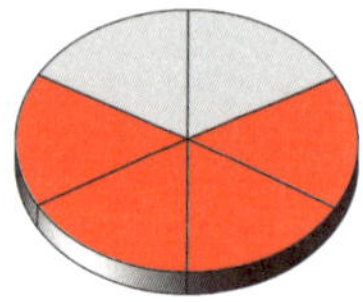

Arbeiten

Durchführung

- Der Leiter/Moderator bittet die Teilnehmer, sich in einen Stuhlkreis zu setzen, und erklärt das Game: Sinn des Spieles ist es, den Satz „Die Katze schleicht um den heißen Brei!“ reihum zu wiederholen, wobei jeweils ein neues Bewegungsverb verwandt werden muss. War ein Begriff einmal da, so darf dieser nicht noch einmal verwendet werden.
- Jetzt beginnt der Leiter mit dem Spiel: „Die Katze schleicht um den heißen Brei!"
- Sein linker Nachbar fährt fort: „Die Katze ... geht um den heißen Brei!“
- Dessen linker Nachbar: „Die Katze ... läuft um den heißen Brei!“ usw. ...
- Das Spiel ist zu Ende, wenn demjenigen, der an der Reihe ist, absolut nichts mehr einfällt.

Variante

Derjenige, der an der Reihe ist, bekommt einen Ball oder eine Stoffkatze und gibt diese/n, wenn er dran war, an den nächsten weiter. Fällt ihm absolut nichts ein, gibt er, ohne eine weitere Variante beizutragen, an den nächsten weiter ...

Benötigte Utensilien

Grundsätzlich keine. Für die genannte Variante einen Ball oder eine Stoffkatze.

Ziel / Nutzen

Dieses Game ist eine kurze, heitere Gedächtnisübung. Sie bringt die Teilnehmer (etwa nach einer längeren Pause) ins Hier-und-Jetzt. Sie bringt Spaß und Kontakt. Schwierigkeit und Spaß der Übung steigen mit ihrer Dauer.

Die Katze sitzt ...

27

Nagelprobe

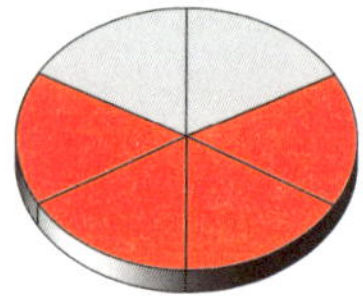

Arbeiten

Durchführung

- Die Gruppe wird in mehrere Teams von drei bis fünf Mitgliedern eingeteilt.
- Jedes Team erhält zehn Nägel und ein Holzbrett mit einem eingeschlagenen Nagel.
- Der Leiter erläutert die Aufgabe:
- Es geht darum, im Wettbewerb mit den anderen Teams als erste 10 Nägel (es können auch 12 sein) auf dem Kopf des Nagels, der senkrecht auf der Unterlage steckt, auszubalancieren.
- Zu diesem Zweck dürfen ein oder mehrere Nägel den Kopf des Nagels in der Unterlage berühren.
- Es sind keinerlei Hilfsmittel zugelassen, die Nägel dürfen nicht gebogen werden.
- Auf das Kommando des Leiters starten die Teams gleichzeitig.
- Gewonnen hat das Team, das als erstes die Aufgabe gelöst hat.

Benötigte Utensilien

Pro Team werden zu dieser Übung 11 (bzw. 13) Nägel und ein (min. 2 cm dickes) Brettchen als Unterlage benötigt.

Der Spielleiter braucht einen Hammer, mit dem er für jedes Team einen senkrecht stehenden Nagel in die jeweilige Unterlage einschlagen kann.

Ziel / Nutzen

Die Nagelprobe fordert die analytische Denkfähigkeit der Teilnehmer sowie deren Kooperationsbereitschaft in den Teams. Es passiert also zweierlei: Die Teilnehmer fangen, z. B. nach einer längeren Pause, (wieder) an zu denken, zugleich wird aber auch ein Gruppenerlebnis geschaffen. Gegenüber den bewegungsintensiven Übungen hat dieses Game zudem den Vorteil, dass hier wirklich jeder mitmachen kann!

28

Zwei Euro

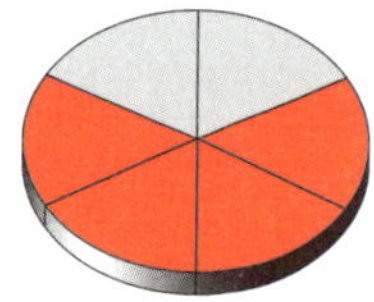
Arbeiten

Durchführung

- Der Spielleiter teilt die Gruppe in Teams von drei bis fünf Mitgliedern ein.
- Er gibt dann jedem Team ein 2-Euro-Stück.
- Die Erklärung des Spiels lautet: Die Aufgabe der Teams besteht darin, möglichst schnell und möglichst genau das Gewicht ihres 2-Euro-Stückes zu bestimmen. An „Werkzeug“ steht dafür alles zur Verfügung, was sich im Seminarraum befindet. (Also lieber das Games-Buch verstecken!)
- Der Raum darf während der Übung nicht verlassen werden.
- Das Team, das das Gewicht zuerst (und möglichst genau) angeben kann, hat das Game gewonnen.
- Ein 2-Euro-Stück wiegt übrigens 8,50 Gramm!

Benötigte Utensilien

Jedes Spielteam benötigt ein 2-Euro-Stück, ansonsten sind keine speziellen Utensilien erforderlich. Die Teilnehmer dürfen aber alle ihnen zur Lösung der gestellten Aufgabe geeignet erscheinenden Hilfsmittel nutzen, die im Seminarraum verfügbar sind.

Ziel / Nutzen

Bei diesem Game geht es darum, im Wettbewerb mit anderen Teams eine Leistung zu erbringen, die auf den ersten Blick schwierig bis unmöglich erscheint. Da die Hilfsmittel nicht vorgeschrieben und die klassischen Wiegeutensilien wie Waage und Gewichte nicht vorhanden sind, fordert das Game die Kreativität der Teilnehmer. In der Praxis zeigt sich immer wieder, dass die Teilnehmer auf verblüffend genaue Ergebnisse kommen ...

Der Hosentascheninhalt ist grundsätzlich zur Gewichtsbestimmung zugelassen!

29

Der Kartentrick

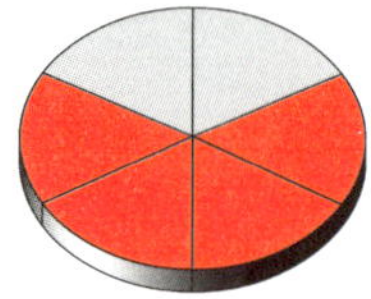

Arbeiten

Durchführung

- Die Teilnehmer sitzen im Kreis. Der Spielleiter stellt in die Mitte des Kreises eine geknickte Moderationskarte, an der ein Teil hoch steht (siehe Abbildung).
- Jeder Teilnehmer erhält eine Moderationskarte und eine Schere.
- Die Aufgabe für die Teilnehmer besteht darin, die Karte in der Mitte des Kreises nachzubauen.
- Die Musterkarte in der Mitte des Kreises darf von allen Seiten begutachtet werden, es ist aber verboten, sie zu berühren.
- Hat ein Teilnehmer mit seiner Karte eine Kopie der Vorlage erstellt, ist das Game zu Ende.
- Herstellung des Musters:
  - Eine Moderationskarte der Länge nach falten.
  - Mit der Schere drei Schnitte (zwei von einer Seite, einer von der anderen) bis jeweils zur Mitte der Karte setzten.
  - Die Karte an den beiden äußeren (schmalen) Sei ten nehmen und eine Seite um 180 Grad drehen.
  - Karte wie in der Musterzeichnung falten. Fertig.

Benötigte Utensilien

Eine Moderationskarte und eine Schere pro Teilnehmer. Notfalls kann man „Schnitte“ auch durch Reißen erzeugen.

Ziel / Nutzen

Bei dieser Übung handelt es sich um einen der großen Klassiker der Denksport-Games, auf den ersten Blick erscheint die Aufgabe unlösbar. Das analytisch-strukturierte Denken der Teilnehmer wird daher stark gefordert. Der Wettbewerbscharakter des „Kartentricks" tut dabei noch sein Übriges...

Zur Arbeitsphase
kurz notiert:

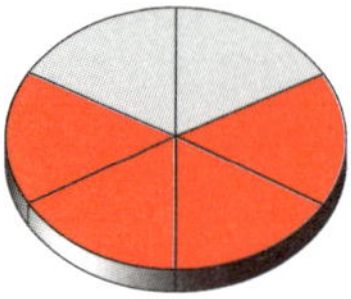

Games für den Abschluss

30

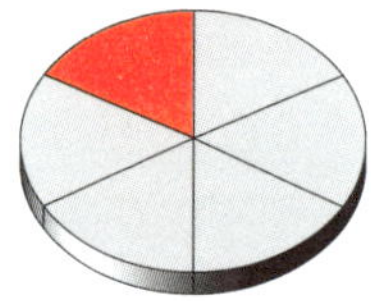

Abschluss

Ich schreibe einen Brief

Durchführung

- Der Moderator/Leiter teilt an jeden Teilnehmer ein Blatt Papier und einen Schreiber aus.

- Er bittet dann jeden Teilnehmer, einen kurzen Brief an eine Person seiner Wahl darüber zu schreiben, welchen Nutzen er aus der Veranstaltung ziehen kann, was er künftig (anders, nicht mehr, zusätzlich ...) machen wird ...

- Wenn alle Teilnehmer fertig sind, werden sie gebeten, ihren Brief vorzulesen (oder zu sagen, worum es darin geht). Aber: Niemand wird gedrängt, den Inhalt preiszugeben!

- Abschließend erhält jeder Schreiber ein Briefkuvert und eine Briefmarke. Die Briefe werden eingetütet, verschlossen und frankiert. Das Kuvert wird adressiert.

- Abschließend bedankt sich der Moderator/Leiter für's Mitmachen, sammelt die Briefe ein und verabschiedet die Teilnehmer.

- Die Briefe gibt der Leiter – wie vereinbart – nach einigen Wochen in die Post.

Varianten

Der Leiter gibt Satzanfänge vor, die jeder Teilnehmer nutzen muss (oder kann).

Der Adressat ist nicht eine Person eigener Wahl, sondern der Teilnehmer selbst. Der Schreiber schreibt also einen Brief an sich selbst.

Benötigte Utensilien

Jeder Teilnehmer benötigt ein Blatt Papier, einen Schreiber, ein Briefkuvert und eine Briefmarke.

Ziel / Nutzen

Dieses „Game" gibt den Teilnehmern die Möglichkeit, eine „innere Inventur" durchzuführen und sich (noch einmal) bewusst zu machen, was für ihn persönlich wichtig war, worauf es ihm persönlich ankommt ... und die guten Vorsätze (im wörtlichen Sinne!) einzutüten und (für den Moment) loszulassen. Dies erleichtert emotional das Abschließen mit dem Thema und der Gruppe.

Könnte ich vielleicht
noch eine Briefmarke haben?

31

Ein Symbol

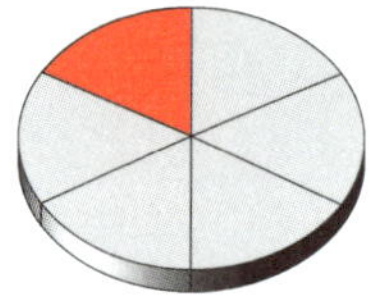

Abschluss

Durchführung

- Der Moderator bittet die Teilnehmer, durch den Raum zu gehen und sich einen Gegenstand zu suchen, der ihre momentane Gemütsverfassung widerspiegelt.

- Die Teilnehmer haben dazu so lange Zeit, bis jeder etwas gefunden hat

- Jetzt setzen sich alle mit ihrem Gegenstand in den Stuhlkreis.

- Auf die Frage: „Welchen Gegenstand haben Sie sich ausgesucht und warum gerade diesen?“ erläutert jeder Teilnehmer (z. B.: reihum), inwiefern der gewählte Gegenstand ein Symbol für sein momentanes Befinden ist.

- Der Moderator beginnt und stellt vor, wie sich so etwas anhören kann: „Ich habe mir den Ball gewählt, weil das, was wir in unserer gemeinsamen Arbeit geschafft haben, für mich eine runde Sache war und ich damit sehr zufrieden bin.“

- Es folgt der nächste in der Runde ...

- Die Äußerungen der Einzelnen sollten nicht diskutiert und nicht kommentiert werden!

Variante

Die anderen Teilnehmer sollen erraten, warum der Betroffene gerade diesen Gegenstand gewählt hat. Dies kann sehr lustig werden, aber Vorsicht, es kann auch sehr tief gehen, da es indirektes Feedback impliziert!

Benötigte Utensilien

Für diese Übung sind keinerlei Utensilien erforderlich.

Ziel / Nutzen

Den Teilnehmern wird ermöglicht, anhand der Beschreibung eines Gegenstandes ihre Gefühle hinsichtlich der Veranstaltung/des Tagesablaufes mitzuteilen. Dies ermöglicht/erleichtert es dem Einzelnen, loszulassen und die gemeinsame Arbeit inhaltlich sowie emotional abzuschließen.

Variante: Die anderen Teilnehmer sollen erraten, warum der Betroffene gerade diesen Gegenstand gewählt hat.

32

Fischernetz und Teich

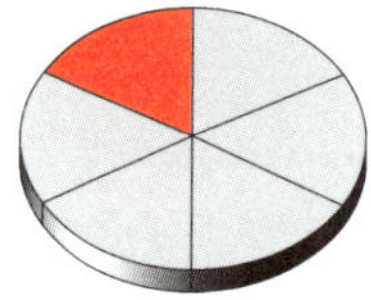

Durchführung

- Auf einer Pinnwand ist ein Fischernetz dargestellt.
- Mit Klebeband wurde auf dem Boden ein Teich „umrissen".
- Der Leiter teilt den Gruppenmitgliedern Moderationskarten sowie Moderationsstifte aus. Die Karten hat er zuvor in Fischform zurechtgeschnitten.
- Der Spielleiter gibt dann die Aufgabe bekannt: „Bitte schreiben Sie jetzt auf die Fische, was Sie in dieser Veranstaltung geangelt haben und mitnehmen, aber auch, was Sie lieber hier im Teich schwimmen lassen wollen!"
- Wenn alle fertig sind, geht jeder Teilnehmer nach vorne und wirft die Fische in den Teich zurück, die er nicht mitnehmen möchte und hängt die ins Netz, die er gefangen hat und mitnehmen möchte. Dabei erläutert er jeweils kurz, warum er das eine da lässt und das andere mitnimmt ...

Benötigte Utensilien

Für dieses Game wird nahezu eine komplette Moderationsausrüstung benötigt: Moderationskarten, Filzschreiber, eine Schere, Klebeband sowie eine Pinnwand.

Variante

Der Moderator/Leiter lässt die Fische von den Teilnehmern ausschneiden. Jeder schneidet sich seine 1, 2 oder 3 Karten selbst aus.

Ziel / Nutzen

Durch dieses Feedback-Game wird sichergestellt, dass die Rückmeldung in spielerischer Form erfolgt. Durch die Komplementärgrößen Netz und Teich wird zudem der häufig recht suggestiv eingeleiteten „Abschlussrunden-Lobhudelei“ etwas entgegengewirkt.

33

Ich packe meinen Koffer

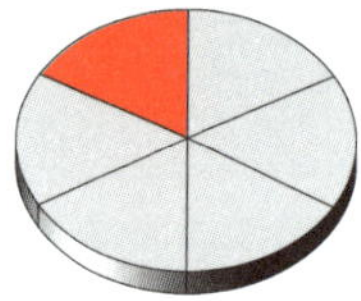

Abschluss

Durchführung

Die Gruppe sitzt im Stuhlkreis.

- Der Moderator/Leiter macht nochmal deutlich, dass die Veranstaltung jetzt zu Ende ist und bittet jeden Teilnehmer um ein kurzes Statement zu folgender Frage:
- „Wenn Sie jetzt Ihren Koffer packen und alles hineintun, was Sie hier erlebt haben, was liegt dann ganz oben in Ihrem Koffer?“
- Wenn jeder sein Statement abgegeben hat, sind sowohl das Game als und die Veranstaltung zu Ende.

Benötigte Utensilien

Für dieses Spiel werden keinerlei Hilfsmittel benötigt.

Die Abschlusssituation wird natürlich durch einen Koffer, der in der Mitte steht/liegt deutlicher und emotionaler. Er könnte zu Beginn der Übung offen sein und nach dem letzten Statement geschlossen werden.

Ziel/Nutzen

Die Teilehmer haben dadurch, dass sie den Koffer packen, die Möglichkeit, die Inhalte nochmals Revue passieren zu lassen und für sich nach Wichtigkeit zu ordnen, also eine „Mini-Nachbereitung“ zu machen. Darüber hinaus können sie die Dinge im Koffer verstauen, wo sie gut aufgehoben sind. Dies ermöglicht ein Loslassen und emotional befriedigendes Abschließen der Veranstaltung.

Mit dieser kurzen & knackigen Form des Abschlusses ist es sogar dann noch möglich, „spielerisch“ abzuschließen, wenn nur noch wenig Zeit für den Abschluss gegeben ist.

Zum Abschluss
kurz notiert:

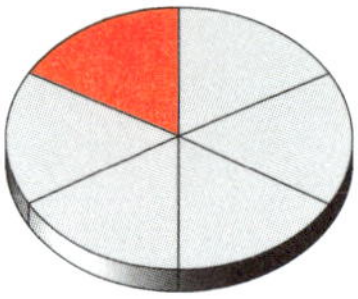

Übrigens ...

Um mit *Games* erfolgreich sein zu können, muss man – wie bei anderen Dingen auch – irgendwo beginnen, wie die folgende Geschichte deutlich macht:

Ein Rabbi geriet ob seiner Erfolglosigkeit in arge finanzielle Nöte und wusste nicht mehr, wie er seine fünf Kinder ernähren sollte. Er erbat sich von Gott in seiner Verzweiflung ein Wunder im Lottospiel. Als sich nach mehreren Wochen nicht der kleinste Lottogewinn eingestellt hatte, ging er in den Tempel und beschimpfte Gott: „Herr, habe ich Dich nicht genug gebeten, mir und meinen hungernden Kindern zu helfen? Zuerst gibst Du mir fünf Kinder, und jetzt tust Du nichts. Wie soll ich da noch an Dich glauben können?" Da erscholl die mächtige Stimme Gottes: „Rabbi, ich sehe deine Not, aber gib mir eine Chance! Geh und kauf wenigstens **ein** Los!"

Quelle unbekannt

Phase	Kennzeichen/Ziel	Körperliche Aktivität	Spiel	Seite
Einstieg 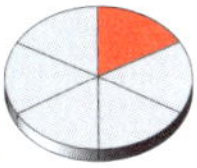	Alle Namen kennen	niedrig	1 Ballrunde	18
		niedrig	2 Namen-Zirkel	22
		niedrig	3 Mein linker Platz	24
	Etwas über einander wissen/einander „kennen"	niedrig	1 Erweiterte Ballrunde	18
		niedrig	4 Kennenlern-Memory	26
		niedrig	5 Heißer Stuhl	28
Arbeiten 	Kreislauf in Schwung bringen	hoch	6 Obstkorb	32
		hoch	7 Geben & Nehmen	34
		hoch	8 Luftballons	36
	Auflockern	hoch	9 Ebbe & Flut	38
		mittel	10 Begrüßungsparty	40
		mittel	11 Gordischer Knoten	42
		mittel	12 Tante Jo	44
		mittel	13 Standpunkt	46
		mittel	14 Raumteiler	48
		mittel	15 Roboter parken	50
		niedrig	16 Ying & Yang	52
		niedrig	17 Team-Knobeln	54
		niedrig	18 Haifischbecken	56
		niedrig	19 Hund & Katze	58
		niedrig	20 Magic-Paper	60
		niedrig	21 Schenkel klappen	62
		niedrig	22 Dschungel Spazierg.	64
		niedrig	23 Zoo-Eröffnung	66
	Konzentration fördern	mittel	24 Wissen & Können	68
		keine	25 Morgenmuffel	70
		keine	26 Die Katze schleicht	72
		keine	27 Nagelprobe	74
		keine	28 Zwei Euro	76
		keine	29 Kartentrick	78
Abschluss 	Emotionalen Abschluss erleichtern	keine	30 Brief schreiben	82
		keine	31 Ein Symbol	84
		keine	32 Fischernetz & Teich	86
		keine	33 Koffer packen	88

Literatur zum Thema: weiterführend, ergänzend ...

- Broich, Josef
  Anwärmspiele
  Maternus Verlag
  Köln 1994

- Brugger, Schmidt, Bucher
  1000 Spiel- und Übungsformen zum Aufwärmen
  Verlag Hofmann
  Schondorf 1991

- Bucher, Walter
  1012 Spiele und Übungsformen in der Freizeit
  Verlag Hofmann
  Schondorf 1989

- Bucher, Walter
  1015 Spiel- und Kombinationsformen
  in vielen Sportarten
  Verlag Hofmann

- Faller u.a.
  Konflikte selber lösen
  Verlag an der Ruhr
  Mühlheim an der Ruhr 1996

- Fluegelmann, Andrew
  Die neuen Spiele
  Verlag an der Ruhr
  Mühlheim an der Ruhr 1996

- Orlick, Terry
  Kooperative Spiele
  Beltz Verlag
  1988

- Rabenstein, Reinhold
  Lernen kann auch Spaß machen
  Herausgegeben von der Arbeitstelle
  für Erwachsenenbildung der evangelischen
  Kirche in Hessen und Nassau

- Rabenstein u.a.
  Das Methoden-Set
  AGB
  Münster 1996

- Axel Rachow (Hrsg.)
  Spielbar
  Manager Seminare
  Bonn 2000

- Röschmann, Doris
  111x Spaß am Abend
  Windmühle GmbH
  Hamburg 1991

- Skill-Autorenteam
  Kreativ lehren und lernen
  GABAL Verlag
  Offenbach 1997

- Stechling, Sabine
  1013 Spiel- und Übungsformen für Senioren
  Verlag Hofmann
  Schonsdorf 1990

- Vopel, Klaus
  Interaktionsspiele Teil 1-6
  iskopress
  Hamburg 1991

- Wallenwein, Gudrun F.
  Spiele: Der Punkt auf dem i
  Beltz Verlag
  Weinheim und Basel 1995

Die hier genannten Werke sind eine Auswahl an Texten zum Thema „Games". Sie sind weiterführende bzw. ergänzende oder einfach „weitere Bücher" zum Thema.

Inwieweit sich einzelne Games in den diversen Büchern (vielleicht unter einem anderen Namen und/oder in einer etwas anderen Spielweise) wiederholen, haben wir nicht überprüft. Sicher aber gibt die Fülle der angebotenen Spiele und Übungen Gelegenheit, die in diesem Buch dargestellten Games zu ergänzen.

Viel Spaß beim „Weiterlesen"!